VENTE DU LUNDI 14 JANVIER 1884

HOTEL-DROUOT, SALLE N° 8

TABLEAUX

PAR

D'Argence	Gillet
Béthune	De Launay
D'Otemar	Gœneutte

Me PAUL CHEVALLIER, Commissaire-Priseur

M. GEORGES PETIT, Expert

IMPRIMÉ PAR PILLET ET DUMOULIN

RUE DES GRANDS-AUGUSTINS, 5, A PARIS

CATALOGUE

DE

TABLEAUX

PAR

D'ARGENCE, BETHUNE, D'OTEMAR, GILLET,
DE LAUNAY, GŒNEUTTE

DONT LA VENTE AURA LIEU

HOTEL DROUOT, SALLE N° 8,

Le Lundi 14 Janvier 1884,

à deux heures.

COMMISSAIRE-PRISEUR	EXPERT
Mᵉ PAUL CHEVALLIER	M. GEORGES PETIT
10, rue de la Grange-Batelière	12, rue Godot-de-Mauroy.

Chez lesquels se trouve le présent Catalogue.

EXPOSITIONS

PARTICULIÈRE, le Samedi 12 Janvier 1884,
PUBLIQUE, le Dimanche 13 Janvier 1884,
De 1 heure à 5 heures.

CONDITIONS DE LA VENTE

———

La vente sera faite au comptant.

Les acquéreurs payeront cinq pour cent en sus des enchères applicables aux frais.

Paris. — Typ. PILLET et DUMOULIN, 5, rue des Grands-Augustins.

DÉSIGNATION

ARGENCE

(E. D')

1 — Les Champs.

Haut., 0.55. Larg. 0.38.

2 — Vue de Creil.

Haut., 0.55. Larg. 0.38.

3 — Après la pluie.

Haut., 0.55. Larg. 0.38.

4 — Le Pommier mort.

Haut., 0.55. Larg. 0.38.

5 — Tète de jeune fille.

Haut., 0.24. Larg. 0.16.

6 — Sur le Plateau.

Haut., 0.81. Larg. 0.65.

7 — Beau temps.

Haut., 0.55. Larg., 0.38.

8 — La vieille Croix.

Haut., 0.55. Larg. 0.38.

9 — Au Village.

Haut., 0.55. Larg. 0.38.

10 — La grande Route.

Haut., 0.55. Larg. 0.38.

11 — Bord de la Brèche.
Pastel.

Haut., 0.55. Larg. 0 38.

12 — Le Gardeur de dindons.

Haut., 0.24. Larg. 0.16.

13 — Newman street, London.

Haut., 0.24. Larg. 0.16.

14 — Le Chemin creux.
Pastel.

— Sur le Coteau.

Haut., 0.55. Larg. 0.38.

16 — Coucher de soleil en mer.
Pastel.

Haut., 1.16. Larg. 0.89.

17 — Bords de l'Oise.
Temps gris.

Haut., 0.24. Larg. 0.16.

18 — Le Déversoir.

Haut., 0.24. Larg. 0.16.

19 — Coup de soleil (paysage).

Haut., 0.27. Larg. 0.21.

20 — Marine (le soir).

Haut., 0.45. Larg. 0.65.

21 — La Nuit.

22 — Automne.

Haut., 0.55. Larg. 0.38.

23 — Petite pluie.

Haut., 0.24. Larg. 0.16.

24 — Bords de la Tamise.

Haut., 0.24. Larg. 0.16.

BÉTHUNE

(GASTON)

AQUARELLES

25 — Lecture.

26 — Le long des Vignes.

27 — Dans la Prairie.

28 — Les Oignons.

29 — Coteau de Montmorency.

30 — Bords de ruisseau.

31 — Enghien, lac du Nord.

32 — Prairie à Montlignon.

33 — Jardin de maraîcher.

34 — Intérieur de parc.

35 — Étang de la chasse.

36 — Le Soir sur le lac.

37 — Enghien, le grand lac.

38 — Promenade sur le lac.

39 — Le Calme.

40 — Les Nénuphars.

41 — Bords du lac.

42 — Marseille.— Port aux **Anglais**.

43 — Menton, le port.

44 — Plateau de la Madone.

45 — Menton, une terrasse.

46 — Menton, la plage.

47 — Le lac, effet de nuit.

48 — Lac du Nord, effet de matin.

49 — Enghien, salle d'inhalation.

OTEMAR

(ÉDOUARD D')

55 — Fraises, amandes et oranges.

> Haut., 0.48. Larg. 0.80.

56 — Prunes, abricots et cafetière d'argent.

> Haut., 0.35. Larg. 0.55

57 — Mirabelles et ustensiles.

> Haut., 0.35. Larg. 0,55.

58 — Artichauds poivrade.

> Haut., 0.35. Larg. 0.55,

59 — Pêches au vin.

> Haut., 0.36. Larg. 0.45.

60 — Salière d'argent.

> Haut., 0.22. Larg. 0.29.

61 — Bouilloire de cuivre et oignons.

> Haut., 0.35. Larg. 0.55.

62 — Envoi d'Alger.

> Haut., 0.48. Larg. 0.70.

63 — Raisins et aiguières de cristal.

Haut., 0.45. Larg. 0.36.

64 — Desserts.

Haut.. 0.35. Larg. 0.56.

65 — Prunes et huilier.

Haut , 0.36. Larg. 0.45.

66 — La Gibelotte.

Haut., 0.56. Larg. 0.35.

67 — Poissons.

Haut., 0.36. Larg. 0.45.

68 — Goûter.

Haut., 0.45. Larg. 0.36.

69 — Pichet d'étain.

Haut., 0.29. Larg. 0.38.

70 — Les Œufs et leurs accessoires.

Haut., 0.35. Larg. 0.55.

GILLET

(EUGÈNE)

71 — Profil de femme.

Haut., 0.40. Larg. 0.32.

72 — Tète de femme.

Haut., 0.40. Larg. 32.

LAUNAY

(F. DE)

73 — Tête de jeune fille.

> Haut., 0.25. Larg. 0.32.

74 — Une noce sous la pluie.

> Haut., 0.64. Larg. 0.54.

75 — Femme d'Argelès.

> Haut., 0.26 Larg. 0.37.

76 — Intérieur de brasserie.

> Haut., 0.60. Larg. 0.38.

———

GOENEUTTE

(NORBERT)

77 — Jeune fille, étude.

Pastel.

Haut., 0.55. Larg. 0.42.

78 — Repos, étude.

Pastel.

Haut. 0.55. Larg. 0.42.

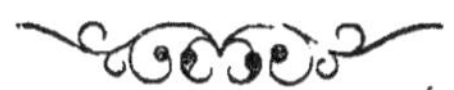